ISBN-13: 978-1534683471

http://mel.soutien.fr

Préambule

La personne qui vous a proposé ce livre électronique (ebook) pense certainement que vous avez, en vous, un potentiel actuellement inexploité, ou que vous souhaitez tout simplement améliorer votre vie.

Qu'elle qu'en soit la raison, prendre du temps pour lire attentivement ce livre pourrait s'avérer très utile. Ce qu'il peut vous apporter est probablement bien supérieur à ce que vous pouvez imaginer.

Si l'idée d'améliorer votre style de vie, d'augmenter vos revenus d'une façon régulière ou d'avoir tout simplement plus de **TEMPS LIBRE** pour les choses qui comptent vraiment pour vous, votre famille par exemple, ne suscite pas d'intérêt, alors vous devriez rendre service à une autre personne parmi vos connaissances en le lui offrant. Qui sait, peut---être vous remerciera---t---elle un jour d'avoir pensé à elle ?

Cependant, si vous faites partie des personnes en quête de changement, et si vous pensez que c'est le **BON MOMENT** pour vous de vous engager dans une vie plus satisfaisante, tout en ayant le sentiment de faire quelque chose d'utile, comme aider les autres à réussir, alors vous devez poursuivre la lecture de ce livre.

Je sais que votre temps est précieux et que vous devez avoir plusieurs choses importantes à faire, mais je peux vous assurer que le temps que vous aurez consacré à la lecture de ce livre sera un bon investissement pour vous.

Si vous avez l'esprit ouvert, vous ne serez pas étonné de découvrir une opportunité qui transformera votre vie positivement.

À propos de l'auteur

Après avoir été salarié pendant plusieurs années, j'ai « sauté le pas » en 1994 et créé ma première entreprise d'Editeur de logiciels et de Services Informatiques. Fort de 8 années d'expérience acquise dans cette entreprise, j'ai décidé d'ouvrir une filiale d'une société française à l'étranger.

Ces 15 années furent pour moi très enrichissantes, mais elles furent également

synonymes de lourdeurs (actionnariat, association, management,...) et de

contraintes administratives, qui m'ont incitées à m'orienter vers autre chose.

C'est pourquoi depuis quelques années, je mets au service d'autres entreprises mes compétences de consultant informatique.

Entretemps, une amie très chère m'a invité à l'accompagner à une réunion publique de présentation d'une opportunité d'affaire. J'ai découvert (tardivement à mon goût !) qu'il existe une autre façon d'entreprendre, moins contraignante tant d'un point de vue administratif que hiérarchique, et où les notions d'entraide et de Développement Personnel sont essentielles :

Je venais d'atterrir sur la planète « Marketing de Réseau » !

Depuis, le Marketing de Réseau est devenu une véritable passion que j'aime faire partager. S'y engager, c'est créer sa propre entreprise d'entrepreneurs où la réussite de chacun devient la réussite de tous et où la notion de concurrence est remplacée par l'entraide.

Le Marketing de Réseau nous donne cette chance de pouvoir travailler avec des personnes issues de tous horizons personnels et professionnels et de les guider, à leur rythme, dans la réalisation de leurs objectifs de changement.

Le Marketing de Réseau est un révélateur de personnalité, j'aimerais vous aider à découvrir la vôtre !

C'est pour cela que j'ai créé et que j'anime le Groupe **WorldWide Success**, un réseau de plusieurs milliers de représentants indépendants dans plus de 40 pays, au sein d'une grande entreprise internationale de Marketing de Réseau, ayant pour mission commune d'aider plusieurs centaines, voire plusieurs milliers de personnes à travers le monde à prendre leur vie en main et à se libérer financièrement.

Intégrer **WorldWide Success** ne nécessite aucune condition particulière, quelque soit votre origine, votre âge (minimum 18 ans !), votre formation, votre expérience...

Un seul critère : posez-vous cette question
?

Aimeriez---vous prendre le contrôle de votre avenir financier en main ?

Si votre réponse est OUI ... Nous avons besoin de vous, comme vous avez besoin de nous... Bonne lecture...

ENSEMBLE TOUT DEVIENT POSSIBLE !

Azzedine Tebaa

J'habite Paris, la cité des lumières et des belles rencontres. Un fils de 21 ans, certainement ma plus belle réussite !! Email : azzedine.tebaa@gmail.com

Tél : +33 6 43 31 85 00

« Le succès est quelque chose
que vous attirez par la personne
que vous devenez »

Jim Rohn (*)

C'est en 2010 que j'ai découvert cette citation de Jim Rohn, comme introduction au Développement Personnel et depuis, elle n'a cessé de m'inspirer quotidiennement, me permettant ainsi de continuer à travailler sur ma croissance personnelle.

Et à mon tour, modestement, je fais de mon mieux pour sensibiliser le maximum de personnes à s'intéresser à leur développement et épanouissement personnels.

(*) Jim Rohn (1930---2009), célèbre auteur américain, conférencier, formateur, motivateur et philosophe d'entreprise, un de mes mentors et auteurs préférés.

Sommaire

En lisant ce livre, vous trouverez au fur et à mesure les réponses aux questions que vous vous posez, que vous soyez novice en Marketing de Réseau ou que vous ayez déjà une expérience.

Avant-propos

« Notre plus grande peur est de prendre conscience des pouvoirs illimités qui sont en nous. »

Nelson Mandela

Indépendance financière

Imaginez un instant, pouvoir vous lever le matin quand vous le souhaitez (et oublier votre réveil !), faire du shopping si vous en avez envie, aller au cinéma, vous promener ou à répondre à vos emails. C'est possible, vous êtes **LIBRE**.

Imaginez pouvoir partir en vacances n'importe où et quand vous le voulez, un compte en banque bien garni, pas de factures en retard, pas de fin de mois difficile, pas de patron pour vous donner des ordres, pas de collègues pour tirer la couverture à eux. C'est possible, car vous êtes **LIBRE financièrement**.

Vous choisissez les personnes avec qui vous avez envie de travailler et dont vous appréciez la compagnie.

Pas d'embouteillages le matin, ni le soir !

Pas de stress néfaste pour votre santé, pas d'attente impatiente du prochain week---end, pas d'angoisse de voir votre revenu baisser.

Tous les matins en vous levant, vous pouvez vérifier que vous avez gagné de l'argent pendant votre sommeil car vous possédez votre propre entreprise indépendante qui vous permet de générer des revenus résiduels (récurrents) à travers le monde.

Mais me direz---vous, une telle vie est---elle réellement possible ?

Eh bien cela ne se bâtit pas en un jour ! Mais l'opportunité existe. Il y a une porte entrouverte pour celles et ceux qui sauront en tirer partie.

C'est ce qu'on appelle le Marketing de Réseau

C'est SIMPLE (*) comme cela n'a jamais été dans toute l'économie mondiale pour la raison suivante :

Internet et les outils de technologie et de communication d'aujourd'hui, accessibles à tous, nous permettent de développer un **RESEAU**, une organisation à l'échelle internationale !

(*) SIMPLE mais PAS FACILE !

Où que vous soyez, quel que soit votre âge, votre expérience, que vous soyez un homme ou une femme et quel que soit votre revenu actuel, vous pouvez y arriver !

ATTENTION ! Ne vous méprenez pas. Pour y parvenir, vous devrez travailler. Environ deux à trois ans, voire plus pour certains, 10 à 15 heures par semaine (en les prenant sur votre **TEMPS LIBRE**), d'une façon sérieuse, professionnelle et régulière et à « *temps choisi* ».

Jim Rohn, cité en page 5, disait :

> « *Vous pouvez travailler à temps plein pour payer vos Factures courantes et à temps choisi pour atteindre l'indépendance financière* »

Je vous pose alors, la question suivante : Cela en vaut---il la peine ?

Savez---vous que votre situation actuelle est la conséquence directe des choix que vous avez faits il y a 5 ans ?

De même, la situation qui sera la vôtre dans 5 ans dépendra des décisions que vous prendrez aujourd'hui.

Première Partie

« L'industrie du Marketing de Réseau offre une formule d'entreprise toute faite à n'importe quelle personne qui veut prendre le contrôle de son avenir financier.

Les gens riches recherchent et construisent des RESEAUX alors que les autres cherchent du TRAVAIL. »

Robert Kiyosaki & Sharon L. Lechter --- L'école des Affaires

Robert Kiyosaki, entrepreneur américain, auteur à succès, spécialiste de l'éducation financière et des techniques d'investissement. Mondialement connu grâce à son premier livre « Père riche, père pauvre ».

Qu'est---ce qu'au juste le Marketing de Réseau ?

En réalité, il n'existe que 3 méthodes fondamentales de la **DISTRIBUTION** :

1--- La vente au détail
2--- La vente directe
3--- Le Marketing de Réseau

Commençons par expliquer le terme Marketing de Réseau :

Le **Marketing** exprime l'ensemble des actions visant à susciter ou à stimuler la demande d'un produit.

Le système de **Réseau** repose sur un système de compensations perçues par ceux qui assurent la distribution du produit ou service.

Le Réseau comporte plusieurs paliers, dits paliers multiples. Le Marketing de Réseau est qualifié aussi de Marketing à paliers multiples ou Marketing Multi--- Niveaux *(MLM : Multi---Level Marketing)*.

Quant au terme paliers, il évoque la notion plus correcte et plus utilisée de générations.

Le Marketing de Réseau est connu également sous l'appellation **"Marketing Relationnel"**.

Pour ma part, je préfère l'appellation Marketing de Réseau (jumelage du Marketing et du Réseau).

Il existe un autre type de Marketing que l'on mentionne parfois : **La vente par correspondance (VPC)**, celle---ci ne peut---être de type Marketing de Réseau, mais en général, on l'inclut à juste titre dans la catégorie « Vente directe ».

Enfin un dernier type de vente que l'on confond souvent, à tort avec le Marketing de Réseau est la **VENTE PYRAMIDALE**.

<u>Sachez que la VENTE en PYRAMIDE est ILLEGALE !</u> Elle l'est principalement parce qu'elle n'assure pas réellement la distribution d'un produit ou d'un service.

Dès lors, comment peut---on prétendre faire du Marketing lorsque le produit que l'on souhaite promouvoir n'est pas distribué ?

Certes, le produit en question peut passer d'un palier à l'autre, mais il n'est pas distribué, il n'y a donc pas de Marketing.

En termes simples, pour distinguer les systèmes pyramidaux illégaux des opportunités légales, vous devez retenir ceci :

Les opportunités légales d'affaires fournissent des produits ou des services qui améliorent la vie des consommateurs.

Le Marketing de réseau --- On en fait tous depuis toujours !...

En fait, vous l'avez déjà pratiqué et très souvent au cours de votre vie. La seule différence, c'est que jusqu'à maintenant, vous n'avez jamais été payé pour ça.

Avez---vous déjà vu un film extraordinaire, avez---vous déjà mangé dans un restaurant fabuleux ou lu un livre fascinant ? Bien sûr que OUI.

En avez---vous parlé à quelqu'un ? Un ami, un collègue, etc... Probablement.

Et est---ce que les gens à qui vous en avez parlé sont allés voir ce film, sont allés manger dans ce restaurant ou ont acheté ce livre ? Je suis persuadé que certains l'ont fait. Si c'est le cas, c'est du Marketing de Réseau, mais sans les importantes récompenses financières qu'il peut vous apporter *(ni le restaurateur, ni le producteur du film, ni l'éditeur ou l'auteur du livre ne vous ont remercié « financièrement » de leur avoir envoyé des clients, alors que vous leur avez généré du chiffre d'affaire !).*

En termes simples, les gens qui pratiquent le Marketing de Réseau **UTILISENT** des produits de très grande qualité, à des prix abordables et s'ils les apprécient, ils les **RECOMMANDENT** naturellement à d'autres.

Cela s'appelle de la **« publicité par le bouche à oreille »**, *la forme la plus puissante de Marketing et de Publicité qui existe de par le monde.*

Le Marketing de Réseau se répand partout sur la planète. Vous sentirez son impact que vous le vouliez ou non. Ceux qui sauront être sensibles et ouverts à cette **TENDANCE**, se saisiront de l'opportunité pour connaître la liberté financière et jouir de leur temps à leur guise.

Pourquoi le Marketing de Réseau est---il en plein essor ?

L'industrie du Marketing de Réseau connaît en effet, une vague de croissance phénoménale à travers le monde pour les raisons suivantes :

La crise économique mondiale

La majorité des personnes ont très peu d'économies et vivent de salaire en salaire, leur niveau de vie ne semble pas s'améliorer, bien au contraire, et elles ont le sentiment de ne jamais arriver à joindre les deux bouts.

La réalité, c'est que l'avenir financier de la majorité des gens est plutôt sombre à cause entre autres, de l'instabilité du climat économique mondial actuel (compressions de personnel, fusions---acquisitions et faillites, remises en cause du système bancaire mondial, imprévisibilité du marché boursier, etc.).

Que dire de la nécessité de travailler pour assurer sa sécurité financière pour la RETRAITE ? Tous les pays se trouvent confrontés au même problème :

Comment assurer l'équilibre financier des régimes de retraites pour les prochaines décennies ? Une chose est certaine, on ne peut plus compter sur les gouvernements pour nous garantir un revenu de retraite. **IL N'Y A PLUS DE SECURITE !**

La publicité n'est plus aussi efficace qu'autrefois

Non seulement la publicité est de plus en plus inefficace, mais elle est onéreuse que jamais. La majorité des gens ne regardent plus les messages publicitaires à la télé, ils les « zappent » énergiquement.

Les CD---DVD, les systèmes MP3---MP4 et les Smartphones ont remplacé l'autoradio. Les agences de publicité et les grands consortiums de média sont en très grande difficulté économique, voire en faillite pour certains. Pourquoi ?

Les gens sont las du battage publicitaire.

À votre avis, qui croyez---vous qu'ils écouteront plus volontiers ?

Un membre de la famille, un collègue, un ami en qui ils ont confiance ou une campagne tapageuse de plusieurs millions d'euros, présentée par une grande vedette qui ne parlerait pas de ce produit si elle n'était pas payée pour le faire ?

Les nouvelles habitudes d'achat

Les entreprises se sont adaptées aux nouvelles aspirations des gens. L'achat à domicile (téléachat, vente par correspondance, vente directe, achat en ligne, etc.) est en plein essor.

Nous avons de moins en moins le goût de courir les magasins, nous préférons qu'ils viennent à nous !

Internet, le téléphone et la télévision nous permettent de choisir tranquillement depuis chez nous les produits qui nous plaisent avec en prime la possibilité de comparer facilement et rapidement les prix qui nous sont proposés.

Il nous est donc plus aisé de dicter notre numéro de carte bancaire par téléphone ou de le saisir directement sur les sites internet, qui sont de plus en plus sécurisés.

Les nouvelles façons de travailler

La vie professionnelle depuis quelques années connaît de grands changements. La tendance au « cocooning » révèle l'envie qu'ont les gens de rester chez eux afin de demeurer près de leur famille et le besoin d'éviter le stress des trajets quotidiens pour se rendre au travail.

Les grandes entreprises encouragent le télétravail. Il y a de plus en plus de travailleurs indépendants. Le monde est le théâtre d'un boom entrepreneurial sans précédent. Le statut d'auto---entrepreneur existe dans plusieurs pays pour encourager l'entreprise individuelle.

La recherche de la qualité de vie

La recherche d'une alternative sérieuse à la course folle vers la réussite et l'envie d'abandonner l'« emprise » de l'entreprise et de se défaire des rivalités mesquines entre collègues, pour qui veut gérer son temps, créer son entreprise, mais sans trop de risques. Pouvoir enfin travailler de chez soi, près de sa famille. Les mères et de plus en plus, des pères, peuvent concilier travail et éducation des enfants.

Aujourd'hui, les nouveaux moyens de technologie et de communication tels que l'ordinateur portable, les tablettes, les Smartphones, Internet, les messageries électroniques (emails),... sont à la portée de tous et apportent une aide précieuse aux nouveaux entrepreneurs indépendants en leur facilitant le travail à domicile.

Pour toutes ces raisons, vous connaissez la réponse, c'est ici qu'entre en scène le **Marketing de Réseau** pour y jouer un rôle parfait.

Le Marketing de Réseau est l'entreprise indépendante idéale. C'est une entreprise à domicile. Pas de stock, pas d'employés, pas de frais généraux, très peu de comptabilité. Une expansion nationale et internationale. Et tout cela au moyen d'outils technologiques accessibles à tous, tant au niveau utilisation qu'au niveau coût d'acquisition.

L'évolution technologique – Un facteur important

Bien que le Marketing de Réseau existe depuis une soixantaine d'années, il vient tout juste d'atteindre sa vitesse de croisière en tant qu'industrie grâce à l'évolution rapide de la technologie : grande efficacité des systèmes informatiques et des moyens de communication à un coût très peu élevé, impactent très fortement cette industrie.

De même, l'apparition et le succès mondial des réseaux sociaux, tels que Facebook, Viadeo, Linkedin ou Twitter pour ne citer que les plus connus, contribuent à la croissance rapide du Marketing de Réseau.

Cette avancée technologique a éliminé l'une des objections les plus couramment formulées à l'égard du Marketing de réseau : « le besoin d'appeler et de déranger les amis et la famille », de les inviter à assister à une réunion de présentation de l'opportunité et des produits.

Par le biais de DVD ou de liens vidéo via Internet, des conférences à trois via des outils tels que Skype ou MSN, de webconférences nationales et internationales ou d'autorépondeurs, cette obligation de faire intrusion dans la vie de vos amis et des membres de votre famille n'existe plus.

La tendance au cocooning qui fait que les gens veulent rester chez eux et se faire livrer l'information à domicile, comme ils le font pour leurs repas, leurs films ou leurs fleurs, ouvre grand la porte au Marketing de Réseau et au développement de l'entreprise individuelle.

> *« Quels sont les gens qui resteront dans la structure traditionnelle des entreprises commerciales ? »*
> **demande Faith Popcorn**
> *« Probablement les gens les plus craintifs »*

Faut---il savoir vendre pour faire du Marketing de Réseau ?

La réponse est NON

Il ne faut pas confondre Marketing de Réseau et Vente directe, qui sont deux modes de distribution différents, même s'il existe des sociétés de Marketing de Réseau qui combinent les deux.

Le mot Marketing évoque la mise sur le marché d'un produit ou d'un service et veut dire « promouvoir » et non pas « vendre ».

La différence est que la mise sur le marché d'un produit ou d'un service correspond à une **DEMANDE**. Le produit qui va être commercialisé est recherché par les consommateurs.

Autrement dit, on n'a pas besoin de vendre un produit qui est recherché. Par conséquent, le rôle d'un distributeur en Marketing de Réseau consiste à détecter les besoins du marché et l'informer qu'il existe quelque chose qui y répond.

En termes simples, faire du Marketing de Réseau,
c'est :

RECOMMANDER DES PRODUITS ou SERVICES d'une façon NATURELLE. Des produits qu'on **UTILISE**, qu'on **APPRECIE** et qu'on a envie de **PARTAGER** avec d'autres, comme un bon restaurant, un bon livre ou un bon film !

Le Marketing de Réseau est une METHODE de RECOMMANDATION et non de VENTE *!*

Est---ce qu'un BON vendeur peut être un BON distributeur ?

Les vendeurs professionnels doivent aussi apprendre ce **nouveau métier**. Ce sont d'ailleurs le plus souvent les personnes qui rencontrent le plus de difficulté à s'adapter à l'esprit du Marketing de Réseau.

Les astuces de vente et les ficelles du porte---à---porte conduisent très souvent à des résultats désastreux si elles sont appliquées au Marketing de Réseau.

Mais, ne vous méprenez pas, parrainer un vendeur professionnel peut constituer un atout non négligeable pour votre entreprise, à condition toutefois, qu'il fasse preuve d'ouverture d'esprit, en acceptant d'assimiler dès le début le système (METHODE) en Marketing de Réseau : **apprendre le métier**.

En général, le problème qui se pose avec le vendeur professionnel, c'est que, dès qu'il s'aperçoit de la qualité du produit, il se lance corps et âme dans la vente de ce dernier en tant que professionnel de la vente. Il sait ce qu'il faut et nous n'avons pas de leçons à lui donner dans ce domaine. Or, ce que nous avons à lui apprendre, c'est comment parrainer ses propres distributeurs potentiels pour qu'il puisse <u>constituer et étendre son propre RESEAU</u>. Le sensibiliser dès le début en le formant, il comprendra très vite qu'il peut y parvenir **SANS VENDRE QUOI QUE CE SOIT**, au sens habituel du terme.

Le Marketing de Réseau – un concept de distribution novateur ?

Le Marketing de Réseau se distingue des autres modes de distribution que nous connaissons (en particulier de la distribution au détail).

Pour son acceptation, il a dû traverser les étapes classiques du processus d'adoption d'une innovation.

En effet, toute INNOVATION nécessite un certain temps pour être acceptée et adoptée. À titre d'exemple : *connaissez---vous le temps que la machine à laver a mis pour être acceptée et adoptée par toutes les ménagères ?*

Il en va de même pour le Marketing de Réseau qui est confronté à une certaine indifférence et à des réactions négatives, telles que la confusion avec les systèmes pyramidaux illégaux ou des questions du type « Ne vais---je pas perdre à la fois mon argent et mes amis ? » ou encore « N'y a t---il pas des rapports cachés entre la société de Marketing de Réseau et une secte ? ».

Or, en réalité, le Marketing de Réseau remplace le système habituel d'intermédiaires par une forme de distribution novatrice. En prenant de l'ampleur, ce mode de distribution concurrence sérieusement les modes de distributions classiques (grossistes, semi---grossistes, détaillants, petits ou gros commerçants).

Avec l'arrivée des nouvelles technologies, la société évolue. De nouveaux métiers se créent chaque jour. Aujourd'hui, être distributeur en Marketing de Réseau, c'est apprendre un VRAI METIER : **Professionnel en Marketing de Réseau**, d'autant plus que le Marketing de Réseau apporte une solution à la crise, en proposant une forme de travail compétitive à ceux qui veulent dire adieu à la morosité.

Pour l'heure, on n'a pas besoin d'étudier le Marketing de Réseau dans une école de commerce ou dans une faculté de sciences économiques pour créer sa propre entreprise de distribution. Cette affirmation est d'autant plus évidente que ni les écoles de commerce, ni les universités européennes ne connaissent ce nouveau concept de distribution récent, contrairement à ce qui se passe aux États---Unis ou au Japon.

Les distributeurs en Marketing de réseau viennent de tous les milieux, de toutes les professions avec des chances de succès égales. On trouve aussi bien des médecins, des avocats, des secrétaires, des artisans, des banquiers, des informaticiens…

Tout est à apprendre lorsqu'on débute. Il faut ensuite l'enseigner à d'autres, et leur apprendre à l'enseigner aux autres. C'est ce qu'on appelle la **DUPLICATION**, un point essentiel pour la réussite en Marketing de réseau sur lequel, je reviendrai plus longuement.

Le Marketing de Réseau – le travail idéal !

J'espère que la lecture de ces premières pages vous aura donné une bonne approche du Marketing de Réseau, de son potentiel et de son aspect novateur.

Vous avez pu en outre, prendre connaissance d'une nouvelle activité, qu'on peut démarrer à temps choisi permettant à toute personne qui souhaite atteindre l'indépendance financière d'y parvenir, voire d'atteindre la prospérité pour celles qui en ont un VRAI DESIR de changement de vie.

Voici en 10 points, les raisons pour lesquelles, on considère aujourd'hui, le Marketing de Réseau comme le travail idéal.

L'un des plus beaux métiers au monde !

1. Pas de bureau, horaires flexibles

- Travailler depuis le confort de son domicile en choisissant ses propres horaires de travail, pas de réveil, pas d'embouteillages, pas de stress !

2. Pas de patron, pas d'employés

- Sous les ordres de personne et personne sous ses ordres. La relation qu'on a avec son parrain est une relation d'égal à égal. Être son propre PATRON, avoir sa propre entreprise : une entreprise d'entrepreneurs indépendants !

3. Temps libre

- Vous disposez de votre temps pour vous occuper de votre famille, de vos enfants, de vos centres d'intérêt. Vous prenez vos vacances quand vous en avez envie et non pas quand vous le devez, vous pouvez voyager et découvrir les pays dont vous avez toujours rêvé !

4. Choisir les personnes avec qui on a envie de travailler

- Vous travaillez avec des personnes que vous appréciez et non avec des collègues qu'on vous impose !

5. **Revenus à potentiel illimité – Revenus Vs Salaire**
   - Chacun travaille selon ses propres objectifs de gain et est rémunéré en fonction de ses efforts, travailler pour soi et non pas pour les autres !
   - « Les salaires nous permettent de (sur) vivre alors que les REVENUS (profits) nous permettent de faire fortune ! »--- Jim Rohn

6. **Revenus résiduels sous forme de rente**
   - Vous travaillez pour assurer vous---même votre retraite et pouvoir générer des revenus récurrents à vie !

7. **Travailler à l'international** (un marché mondial sans limite, ni frontières)
   - Vous utilisez et exploitez les outils technologiques d'aujourd'hui pour développer un RESEAU (une organisation) à l'international sans quitter votre domicile !

8. **Aider les autres**
   - C'est en aidant les autres à réussir que nous réussissons, la concurrence est remplacée par l'entraide !

9. **Développement personnel**
   - Vous évoluez et vous vous améliorez en travaillant sur votre développement personnel !

10. **Les risques financiers limités**
    - Vous créez votre entreprise de Marketing de Réseau avec un investissement initial faible pour acquérir des produits de consommation personnelle et des produits de démonstration. Vous n'avez aucun stock à gérer, pas de problème de trésorerie, quasiment aucune comptabilité à tenir, et pas de logistique à assurer !

Pourquoi les produits distribués sont de très grande qualité ?

Le principe de la distribution en Marketing de Réseau est la suppression de tous les intermédiaires (grossistes, semi---grossistes, détaillants, ...) et des frais de publicité. La publicité se fait uniquement par le bouche à oreille. Le seul intermédiaire entre le fabriquant et le consommateur est le distributeur indépendant. D'où la grande qualité des produits. Autrement les produits ne trouveraient pas de succès auprès des consommateurs.

Contrairement à une distribution classique où environ 80% du prix de revient d'un produit sont versés aux intermédiaires et à la publicité, les entreprises de Marketing de Réseau privilégient la bonne qualité des produits et la rémunération des distributeurs indépendants.

En moyenne générale, les entreprises de Marketing de Réseau attribuent plus de 50% de leur Chiffre d'Affaires comme rémunération aux distributeurs et une grande partie est réservée à la fabrication de produits de qualité.

Pourquoi le Marketing de Réseau ne présente aucun risque financier ?

S'engager dans une entreprise de Marketing de Réseau, c'est créer sa propre entreprise individuelle (une micro---franchise en sorte, sans les inconvénients d'une franchise traditionnelle).

Comparé à d'autres formes de création d'entreprise, telles que l'entreprise traditionnelle

ou la franchise, l'investissement initial est très faible par rapport aux revenus qu'offrent les systèmes de compensation des entreprises de Marketing de Réseau. *A titre comparatif, une bonne franchise en France coûte en moyenne 80000 €.*

Voici approximativement, ce qui se pratique en moyenne dans les entreprises sérieuses de Marketing de Réseau et ce qu'il faut prévoir comme investissement pour démarrer votre affaire en Marketing de Réseau. Sachant qu'en général, l'investissement de départ est rapidement financé grâce aux trois premières personnes que vous parrainez.

- Frais d'inscription (une trentaine d'euros)
- Pack de démarrage (entre 250 et 300 euros)
- Prévoir environ une centaine (100) d'euros, comme un fond de roulement, les entreprises de Marketing de Réseau désignent ce fond par la notion d'« Autoship » ---commandes automatiques mensuelles.

Le Pack de démarrage correspond aux produits pour votre consommation personnelle, et comme produits de démonstration (échantillons pour tests). On a vu que le Marketing de Réseau est une affaire de RECOMMANDATION. Pour pouvoir recommander des produits, il faut les avoir en permanence, d'où la nécessité d'un autoship mensuel afin d'avoir en permanence des produits aussi bien pour votre consommation personnelle que pour pouvoir les tester.

Deuxième Partie

« L'INNOVATION, c'est ce qui distingue un Leader d'un Suiveur. »

Steve Jobs – Fondateur d'Apple

Les clés pour choisir votre entreprise de Marketing de Réseau

Choisir comme activité le Marketing de Réseau, c'est s'engager dans une entreprise pour constituer un RESEAU, de plus en plus grandissant et durable afin de pouvoir construire un Revenu Résiduel (à VIE !).

Le choix de la bonne entreprise est donc primordial, il doit être évalué selon des critères importants appelés les **5 piliers fondamentaux**, sur lesquels doit reposer l'entreprise de Marketing de Réseau.

Ce sont précisément les entreprises les plus solides et les plus performantes qui répondent point par point à ces 5 critères :

1. L'Expérience et la Vision Fondateurs et des Managers de l'entreprise et l'intégrité de ses Leaders---distributeurs ;
2. Les Produits, le Marché et l'Innovation ;
3. Le Timing (le Bon Moment) ;
4. Le Plan de Rémunération ;
5. Le Système (la METHODE) et les Outils Marketing.

L'Expérience, la Vision et l'Intégrité

La qualité et la compétence des dirigeants sont essentielles, elles se mesurent à leur expérience significative dans cette industrie et à leur vision d'avenir.

Cette industrie lucrative a attiré beaucoup d'entrepreneurs enthousiastes qui, parce qu'ils avaient réussi dans un autre secteur de commerce, pensaient qu'ils pouvaient facilement reproduire leur schéma existant et l'appliquer.

Rien n'est plus faux ! La structure et la gestion de ce type de société nécessitent des compétences et une expérience bien précises, que peu de dirigeants ont malheureusement.

Le Produit, le Marché et l'Innovation

Les produits distribués par le Marketing de Réseau doivent être non seulement exclusifs à ce type de marché, mais encore de très grande qualité, car le succès dans ce type d'entreprise à **long terme** ne se trouve pas dans la mise en place d'un réseau de distributeurs, mais bien dans la vente et la consommation répétée et régulière des produits.

D'où le choix du marché qui doit être porteur et un marché d'avenir.

Une question qui vaut de l'or ! Qu'est---ce que Starbucks, Red Bull, Microsoft, Apple ou encore Google ont en commun ?

Ils ont un **produit ou un service** qui était le premier sur le marché, ou mieux encore, une catégorie de produits totalement inédite.

Il existe deux catégories d'entreprises, celles qui **INNOVENT** et celles qui imitent. Et à travers l'histoire, on se rend compte qu'aucune entreprise n'a réussi à égaler les ventes générées par une entreprise qui s'est positionnée la première avec une catégorie de produits innovants.

D'où l'importance de l'INNOVATION

Le Timing, le BON MOMENT

Le bon moment, ça veut dire **MAINTENANT**. Pas il y a 5 ans. Pas dans 5 ans non plus ! Des personnes ont fait fortune grâce à cette industrie parce qu'ils étaient

AU BON ENDROIT et AU BON MOMENT

Si vous choisissez une entreprise de Marketing de Réseau trop tôt, vous allez gâcher beaucoup de temps, d'énergie et d'argent, simplement parce que beaucoup d'entreprises échouent la première ou la deuxième année de leur existence.

Si vous choisissez une entreprise qui existe depuis 20 ans, le bon moment, c'était il y a 15 ans !

Le bon moment, c'est choisir une entreprise dans sa phase « **FONDATION** », ou pendant sa phase, dite de « **FORTE CROISSANCE** », car d'une façon générale, les entreprises de Marketing de Réseau passent par 3 étapes fondamentales :

1. Étape **FONDATION** (2 à 5 années d'existence)
2. Étape **FORTE CROISSANCE** (durée de 10 à 15 ans)
3. Étape **MATURITÉ** (au delà de 20 ans)

Autrement dit, pendant les deux premières étapes, 90 % du chiffre d'affaires est généré par la construction du **RESEAU** et 10 % par la **VENTE**.

Arrivée à l'étape « **MATURITÉ** », c'est l'inverse qui se produit, toute entreprise de Marketing de Réseau concentre sa stratégie sur la VENTE (90 %) et le RESEAU (10 %). Pour la simple raison, les produits de l'entreprise en question, grâce au bouche à oreille sont devenus des marques connues et reconnues.

Le Plan de Rémunération

Le plan de rémunération doit être juste, équitable et lucratif. Il doit fonctionner aussi bien pour des personnes travaillant à temps partiel qu'à plein temps *(pour celles qui souhaitent générer de gros revenus et atteindre la liberté financière).*

Un plan qui doit prendre en compte les 4 personnalités de base de la population :

- **35 %** des personnes dans le monde sont des personnes qui aiment aider et soutenir d'autres personnes. Il leur faut donc un plan de compensation où l'entraide est prioritaire. Ils pourront parrainer une personne, puis inscrire quelqu'un en dessous, et quelqu'un d'autre en dessous et aider ainsi toutes ces personnes à réussir.

- **15 %** de la population a envie de s'amuser. Il leur faut donc un plan **ENTHOUSIASMANT !** Où elles vont démarrer rapidement et gagner de l'argent immédiatement.

- **35 %** de la population sont tournés vers les nombres (la quantité). Il faut qu'ils puissent mettre autant de gens qu'ils veulent.

- **15 %** des gens ne veulent que de l'argent. Ils veulent plus d'argent que n'importe qui d'autre. Ils veulent un plan de rémunération qui, de manière réaliste, offre un revenu illimité. Sinon ils partiront de votre réseau pour gagner plus d'argent ailleurs !

Le Système et les outils Marketing

Le système est la **METHODE** qui a fait ses preuves, il doit être simple, imitable (duplicable) par tout le monde.

Toutes les personnes que vous parrainez et celles qu'elles vont elles---mêmes parrainer, pour la constitution de votre RESEAU, ont besoin d'un système simple et efficace leur permettant un démarrage rapide et immédiat.

De même, il est important de disposer d'**outils Marketing** et de formation pour traiter, aussi bien le marché chaud *(les personnes qui nous font confiance : l'entourage, les amis, les proches, les collègues,...)* que le marché, dit froid *(les contacts par Internet, les réseaux sociaux, Skype, ...).*

Un système simple et des outils qui permettent de recommander et partager les produits, de parrainer et de devenir un bon coach **« MENTOR »** pour les personnes qu'elles parrainent personnellement.

Disposer d'une METHODE efficace vous permet de jouir d'un immense **effet de levier** pour développer votre entreprise de Marketing de Réseau.

Troisième Partie

« Les pensées permettent de fixer les buts... L'action détermine ce que vous allez réellement obtenir.

Pensez---y ! »
Tom « Big Al » Schreiter

Les clés de la réussite dans une entreprise de Marketing de Réseau

La définition des objectifs – le « POURQUOI »

Définir votre « Pourquoi » dès le démarrage de votre affaire de Marketing de Réseau est essentiel et c'est l'une des premières actions à effectuer.

En effet, la réussite en Marketing de Réseau dépend de 90% de votre « Pourquoi », alors que « comment arriver à réaliser vos objectifs » ne représente que 10% !

Comment définir alors votre « Pourquoi » ?

En vous posant ces questions :

Pourquoi est---ce primordial que vous vous engagiez dans cette affaire de Marketing de Réseau ?

Et pourquoi est---ce primordial que vous réussissiez ?

Les gens parlent toujours de leurs objectifs. C'est bien. Il faut avoir des objectifs. Mais votre « POURQUOI » est LA RAISON pour laquelle vous allez persévérer et continuer.

Qu'est---ce qui est VRAIMENT important pour vous ? Qu'est---ce que vous voulez VRAIMENT ?

Ni l'argent, ni les objectifs, mais cela concerne qui vous êtes vraiment. C'est quelque chose que vous désirez .... Ou quelque chose dont vous voulez vous débarrasser.

Pourquoi êtes---vous là ?

Pour changer de vie et aider les autres à changer la leur.

Répondre à ces quelques questions vous aidera à trouver votre « POURQUOI »

- Qu'est---ce qui vous enthousiasme vraiment ?
- Combien d'heures travaillez---vous chaque semaine ?
- Qu'est---ce que vous AIMEZ dans votre travail ?
- Qu'est---ce que vous DÉTESTEZ dans votre travail ?
- Que faites---vous pendant votre temps libre ?
- Si vous aviez 2 mois de vacances, et tout l'argent que vous voulez, que feriez---vous ?
- Quel problème, qui vous empoisonne la vie, pourrait être résolu avec plus de moyens ?
- Si vous aviez beaucoup de moyens, quel ENORME problème s'envolerait instantanément ?
- A part de l'argent, que cherchez---vous ?

Votre moteur doit être : **Je DOIS aider les autres**, en cherchant des personnes qui n'ont pas de problème d'avidité et d'égo, des personnes humbles et qui veulent réussir. Des personnes qui pensent avec leur tête, mais surtout avec leur cœur.

On a vu que le Marketing de Réseau n'est pas une affaire de vente. Ce n'est sûrement pas non plus une affaire où l'on pense. C'est une affaire où l'on ÉCOUTE. C'est une affaire d'ENSEIGNEMENT et de SUIVI.

Commencez par découvrir votre propre « POURQUOI ». Écrivez---le. Imprégnez---vous en. Vous avez besoin d'un « POURQUOI » solide, écrit, auquel vous pouvez vous accrocher suffisamment longtemps pour atteindre le succès dans votre affaire.

La question est donc : « Etes---vous motivé ? »

Aider les autres donne de la valeur et un sens à votre vie. Cela vous motive. Pour votre « POURQUOI » personnel, vous devez savoir à quel point vous êtes motivé pour faire tout ce qu'il faut pour arriver au succès.

Passez à l'ACTION en écrivant votre « POURQUOI ». Et si vous n'êtes pas prêt à payer cette toute petite contribution, c'est que vous n'êtes pas encore prêt pour développer votre affaire de Marketing de Réseau.

Quatre---vingt---dix pour cent des personnes qui commencent une affaire dans le Marketing de Réseau, n'écrivent jamais leurs raisons.

Si vous le faites, c'est une TRES bonne indication.

Écrivez vos raisons. Choisissez---les avec soin ! Vous seul, savez si elles sont assez bonnes pour vous.

La Duplication --- Un des aspects fondamentaux du Marketing de Réseau

Créer un **réseau grandissant et réellement durable** ?

Qu'est---ce que la duplication ?

Selon le dictionnaire Le Petit Robert, la duplication est une opération par laquelle on double une quantité, un volume. Dupliquer (*duplicare en latin*), signifie « doubler ».

Le concept du doublement en Marketing de Réseau : vous êtes une seule personne, vous vous doublez, vous devenez 2. Les 2 se doublent et deviennent 4. Ces 4 deviennent 8, 8 deviennent 16, 16 deviennent 32, 32 deviennent 64, 64 deviennent 128, 128 deviennent 256, 256 deviennent 512, 512 deviennent 1024, 1024 deviennent 2048 et ainsi de suite...

Pourquoi tout le monde ne se double pas ?

Parce que tout le monde ne sait pas que la clé du doublement se trouve dans ce mot « Duplication ».

La seule vraie façon pour vous d'accomplir ce doublement de croissance dans votre réseau est par la Duplication. Elle vous assurera forcement des résultats.

Qu'est---ce que c'est que la Duplication positive ?

La Duplication positive en Marketing de Réseau se fait en donnant l'exemple, en vous présentant comme modèle à imiter. Mais attention, cela ne veut pas dire pour autant fabriquer des clones !

Chaque personne a un caractère qui lui est propre, des valeurs, des buts, des talents uniques...

Comment utiliser la Duplication d'une façon positive ?

Un distributeur qui s'empresse de faire signer des nouveaux distributeurs pour ensuite les laisser livrés à eux---mêmes, sans soutien, sans formation, se dupliquera à son image : son réseau sera composé de gens comme lui, qui feront signer des distributeurs pour ensuite les abandonner.

Un parrain, par contre, qui prend la responsabilité des personnes qu'il amène dans son entreprise, qui les forme et les soutient, se dupliquera tout autant.

Un se duplique positivement, l'autre, négativement. Comment choisissez---vous de vous dupliquer ?

Un des aspects merveilleux du Marketing de Réseau est qu'il nous permet à tous d'exprimer notre vraie nature.

Restez SIMPLE !

Comment faire ?

Formez vos nouveaux distributeurs. Utilisez les principes éprouvés de la réussite et enseignez---les aux autres. Ceux---ci font ensuite la même chose, ainsi que les autres qui les suivent. Ce qui vous apportera un Revenu Résiduel assuré !

Comment s'assurer un revenu résiduel ?

Inspirez---vous de cette citation d'Andrew Carnegie (*):

« Je préfère profiter de 1 % des efforts de 100 personnes, que de 100 % de mes propres efforts »

Quelle est la meilleure façon pour réussir dans le Marketing de Réseau ?

Vous dupliquer et faire travailler vos distributeurs pour eux---mêmes d'abord et pour vous ensuite.

Comment dupliquer ?

Inspirez---vous de cette citation de Confucius:

« En donnant un poisson à un homme, je le nourris pour une journée.

En lui enseignant à pêcher, je le nourris pour toute sa vie »

(*) Andrew Carnegie : 1837---1919, philanthrope et industriel écossais, naturalisé américain. Un des principaux acteurs de l'essor de l'industrie de l'acier aux Etats---Unis à la fin du XIX siècle. Le premier ayant inspiré et encouragé Napoléon Hill pour écrire son œuvre concernant la philosophie du succès.

Un grain de riz pour atteindre la prospérité !

La fille de l'empereur de Chine était malade et celui-ci promit des richesses au-delà de toute imagination à celui qui pourrait la guérir.

Un jeune paysan appelé Pong LO arriva au palais.

Par son courage et son esprit,

il restaura la santé de la princesse et gagna son cœur. Pour récompense, Pong LO demanda donc sa main.

L'empereur refusa et pria le paysan de demander autre chose.

Après quelques instants de réflexion, Pong LO dit :

« Je voudrais un grain de riz ».

« Un grain de riz, quelle stupidité ! Demande-moi de la soie,

la plus grande pièce du palais, une écurie pleine d'étalons fougueux et tout cela sera à toi ! »

« Un grain de riz suffira », répondit Pong LO.

« Mais si votre Majesté insiste, elle peut doubler le montant chaque jour pendant 100 jours ».

Ainsi le premier jour un grain de riz fut porté à Pong LO.

Le second, 2 grains.

Au 3ième jour 4 grains.

Au 4ième jour 8 grains.

Au 5ième jour 16 grains.

Au 6ième jour 32 grains.

Au 7ième jour 64 grains.

Au 12ième jour le nombre était de 2 048.

Au 20ième jour 524 288 grains furent portés et

Au 30ième jour 536 870 912 grains de riz,

nécessitant le concours de 40 domestiques pour les transporter.

En désespoir de cause, l'empereur fit la seule chose honorable qu'il pouvait faire. Il consentit au mariage.

Par référence aux sentiments de l'empereur, il ne fut pas servi de riz au banquet du mariage.

(Extrait de « Un grain de riz » par Helena Pittan)

Cette fable nous démontre la MAGIE du RESEAU et la PUISSANCE de la DUPLICATION

Le Parrainage --- Le Recrutement

Le **Parrainage** est l'un des principaux pivots d'une affaire de Marketing de Réseau à succès. Si vous ne parrainez pas, votre RESEAU ne connaîtra pas de croissance.

Le **RECRUTEMENT** et le **PARRAINAGE** sont souvent utilisés de façon équivalente, mais si vous voulez vraiment faire preuve de professionnalisme dans le Marketing de Réseau, vous devez reconnaître qu'ils ne sont pas équivalents.

- Le **Recrutement** n'a de cesse de faire signer de nouveaux distributeurs et ne dépend que de la Présentation de l'opportunité et des Produits. Et de ce fait, il ne fait appel qu'à "**l'aspect commercial de la procédure**".
- Le **Parrainage** recouvre un Concept beaucoup plus vaste, parce qu'il impose que **nous engagions une responsabilité** à aider les nouveaux venus dès leur signature et jusqu'à ce que leur affaire soit établie.

Le recrutement est donc différent du parrainage, et un bon recruteur n'est pas forcément un bon parrain. C'est le cas lorsque nous sommes doués pour recruter, mais que nous n'aidons pas nos nouveaux distributeurs à s'établir.

De la même manière, nous pouvons être de bons parrains, mais moins doués pour le recrutement. Si c'est le cas, cela ne nous empêchera pas de bâtir un grand RESEAU, si nous compensons notre niveau médiocre de recrutement par le simple fait de contacter un plus grand nombre de prospects.

En théorie, n'importe qui peut devenir un bon recruteur, parce que nous avons tous la capacité si nous nous y prenons bien.

En termes simples, **l'important n'est donc pas votre capacité à apprendre, mais que vous appreniez !** Ce qui veut dire, vous devez vous accorder **le TEMPS de L'APPRENTISSAGE**.

Le Marketing de Réseau est infiniment **PATIENT** avec ceux qui veulent apprendre. Ce sont ces distributeurs qui réussissent.

Ne vous laissez pas duper par les sprinters !

Vous aurez l'occasion de voir des distributeurs décoller comme des fusées dès le démarrage, mais s'éteindre rapidement. Ils échouent parce qu'ils ont abordé cette entreprise de Marketing de Réseau comme ils l'auraient fait pour un **SPRINT**.

Notre métier tient plutôt du **MARATHON**, mais avec une grande différence : dans notre marathon, il y a beaucoup de gagnants, tous ceux qui parviennent à réaliser leur « POURQUOI » sont des GAGNANTS !

Le Marketing de réseau c'est comme un MARATHON

Tout le monde peut participer librement à un marathon. Certes, il faut être majeur, mais il n'y a pas de limite d'âge. L'inscription est peu coûteuse. Une bonne santé, de l'énergie, d'excellentes chaussures, un short et un maillot suffisent pour concourir. L'essentiel : avoir de bonnes jambes, un bon entrainement et un moral d'acier.

Dans un marathon, des milliers d'engagés courent à leur rythme. Certains abandonnent après quelques centaines de mètres, d'autres tiennent vingt kilomètres, les plus motivés et entrainés vont au bout. Il y a beaucoup d'abandons en route. Les trois premiers montent sur le podium. Ils seront célèbres dans le monde entier. Les cents meilleurs de la course sont récompensés. Les milliers d'autres qui ont tenu toute la distance reçoivent une médaille. Tous ont couru pour le plaisir de courir, de se révéler à eux-mêmes, de se surpasser, mêmes ceux qui abandonnent.

Tous, même le dernier arrivé plusieurs heures après le vainqueur, sont fiers d'avoir participé et recommenceront à la première occasion. Et celui qui a abandonné garde toutes ses chances pour le prochain rendez-vous.

Le marketing de réseau est au commerce ce que la course à pied est à l'athlétisme. Une activité exaltante, sans triche, ouverte à tous, avec, en plus, la possibilité d'arrondir ses fins de mois, de gagner correctement sa vie, voire de toucher le « jackpot ».

« Les vrais perdants sont ceux qui abandonnent »

Citation extraite du livre « Comment créer un grand réseau de distribution » de Don FAILLA

L'Importance de la Formation et le Leadership

En lisant ce qui suit sur l'importance de la formation et le Leadership, gardons bien à l'esprit que :

« La connaissance ne se substitut pas à l'ACTION, elle en augmente la puissance » --- David BARBER

Le Marketing de Réseau est une <u>affaire de Répétition</u> : **APRENDRE --- AGIR – APPRENDRE – AGIR** … en permanence.

Comme le Parrainage, la Formation et le Leadership font partie des principaux pivots de la réussite en Marketing de Réseau.

En effet, comme dit précédemment, le Marketing de Réseau est un nouveau métier, et comme toute nouvelle activité, la formation est importante. Non seulement, il faut apprendre le métier, mais également apprendre à parler de la société, de ses produits, de son plan de compensation, etc.

On notera dès maintenant que le Marketing de Réseau nous permet dès le début de développer notre affaire tout en nous formant et ce grâce à l'esprit d'équipe et l'entraide qui règnent dans cette industrie.

De fait, le seul objectif de la Formation et du Leadership, c'est de réaliser notre « Pourquoi ». Mais pour y parvenir, nous devons aider nos distributeurs à réaliser les leurs.

Le Leadership, quant à lui, est la relation que vous entretenez avec votre groupe. En même temps que vous leur montrez le chemin, vous devrez transmettre votre savoir aux débutants afin qu'ils commencent à développer un groupe. Les distributeurs déjà expérimentés, auront besoin de votre part que vous leur apportiez une aide rapprochée. Vous devenez dans ce cas là un MENTOR plus qu'un Leader.

Leadership est synonyme de « Responsabilité ». Cela veut dire, accepter la responsabilité de faire tout ce que vous pouvez pour aider vos distributeurs à réaliser leur « Pourquoi ». Votre responsabilité est de montrer aux gens ce qu'il faut faire, mais il est de leur responsabilité de décider ce qu'ils en feront.

Faut---il avoir du TALENT pour être un bon Formateur ou un bon Leader ?

Si vous n'avez jamais enseigné auparavant ou été dans une position de Leader, c'est tout à fait légitime de se poser cette question.

Je vous rassure tout de suite : NE VOUS EN FAITES PAS ! Tout le monde peut devenir un bon Formateur et un bon Leader s'il le veut.

Les gens pensent, qu'enseigner ou mener un groupe n'est pas donné à tout le monde, que les Leaders naissent Leaders. Or, ce ne sont que des idées préconçues, car nous pouvons tous, chacun d'entre nous, former et mener.

Prenons les choses l'une après l'autre. Tout d'abord **FORMER**. Pouvez---vous indiquer à quelqu'un la direction pour arriver à un magasin proche de chez vous ? OUI ? Vous savez donc lui apprendre à s'orienter. Pouvez---vous expliquer à quelqu'un le sens d'un mot que vous connaissez ? OUI ? Vous savez donc lui apprendre la signification. Pouvez---vous raconter à quelqu'un l'intrigue d'un film que vous venez de voir ? OUI ? Vous savez donc partager l'émotion. Et votre hobby préféré ? Pouvez---vous le montrer ou l'expliquer à quelqu'un ? OUI ? **Vous savez donc transmettre**.

Notre métier est un métier où l'on **montre**. **Former**, c'est **montrer** ou **expliquer**.

En ce qui concerne le Leadership, c'est aussi quelque chose que tout le monde sait faire. Vous ne me croyez pas ? Laissez---moi vous demander quelque chose :

Si un de vos enfants ou un de vos proches venait à être porté disparu, et qu'aucun des services de secours ne pouvait être joint, doutez---vous une seconde que vous pourriez réunir les voisins et les passants dans une mission très efficace de recherche et de secours ? Ça c'est du Leadership, et personnellement je n'ai jamais rencontré quelqu'un qui ne pouvait pas mener une équipe dans ces conditions. SI vous pouvez être un Leader dans ces conditions, vous avez les capacités nécessaires pour être un Leader en Marketing de Réseau.

Le Travail d'équipe

La vraie spécificité de ce métier que propose le Marketing de Réseau, c'est qu'on ne peut réussir à bâtir un réseau **SEUL**. On ne peut pas non plus réussir sans en aider d'autres à réussir. La rémunération est d'ailleurs liée au succès des personnes que l'on a parrainées.

On arrive à une affaire rentable lorsqu'on a réussi à aider plusieurs personnes à constituer elles aussi une affaire florissante.

En parrainant une personne, le distributeur prend l'engagement de lui apporter soutien et formation. Tout nouveau distributeur a besoin de support pour apprendre le métier. Le système de compensation tel qu'il est organisé et conçu en Marketing de Réseau, motive le parrain et son Upline à aider le distributeur qui vient de les rejoindre.

> *« Le seul et plus grand pas que vous puissiez faire pour faire croître votre affaire au plus vite, est de vous assurer que vos distributeurs ne travaillent pas seuls et qu'ils sont toujours accompagnés dans leurs actions »*
> *David BARBER*

Le Respect de la Méthode

On a vu précédemment que la METHODE (le Système) fait partie des 5 piliers sur lesquels repose l'entreprise de Marketing de Réseau.

Les entreprises de Marketing de Réseau les plus solides et les plus performantes disposent d'une Méthode.

Ces Méthodes sont conçues et élaborées par des Professionnels de Marketing de Réseau. Des Méthodes ayant fait leurs preuves et qui font le succès de plusieurs centaines de milliers de distributeurs à travers le monde.

Bien que chaque distributeur ait sa propre personnalité, appliquer la METHODE est un gage de réussite. Il n'y a pas de place pour les distributeurs qui veulent réinventer la roue !

Puisque vous ne connaissez pas le Système, vous avez échoué !

Sur une table se trouvait placé sur un petit coussin de bijoutier en velours bleu, au centre duquel étaient disposés une loupe,
une petite pince et 50 diamants tous brillants.
La personne qui animait cette démonstration nous expliqua alors :

« Ces pierres brillantes ne sont pas des diamants. Dans cet amas, il y a 49 faux diamants (zircons) et un seul véritable diamant très précieux.
Si vous pouvez trouver le diamant, je vous le donne.
Quelqu'un veut-il tenter sa chance ? »

Cependant, il y a une contrainte. Vous n'avez que 60 secondes pour le trouver !
A tour de rôle, les participants ont tenté de repérer le vrai diamant.
Mais tout le monde a échoué vu le peu de temps accordé.
L'animateur a ensuite révélé le SYSTEME.

Tandis que le temps s'écoulait, il a placé chaque pierre sur son côté plat, facettes vers le haut. Il lui fallut 55 secondes pour disposer ainsi les pierres. Puis, pendant les cinq secondes qui restaient, il examina les pierres et put détecter à l'œil nu vrai diamant parmi les faux.
Quand les pierres sont bien organisées,
il est extrêmement facile de trouver le vrai diamant.
Pourquoi ? Parce que tous les zircons sont identiques, sans aucun
défaut, parfaits.
Seul le diamant a un défaut : une petite tâche de carbone appelée inclusion qui réfracte la lumière d'une manière qui diffère quelque peu des autres pierres.
Une fois le système révélé, tout le monde a voulu essayer à nouveau.
« Non, a dit l'animateur, vous avez eu votre chance. Puisque vous ne connaissiez pas le système, vous avez échoué.
Moi, par contre, je connais le système et j'obtiens le diamant à tous les coups. »

Tous les gens fortunés ont des systèmes qu'ils ont élaborés au fil d'années de tâtonnement,
en vue de faire fortune.
Sachez que dans 90% des cas, c'est le système et non les gens qui échoue.

Vos chances d'accéder à la liberté financière
reposent sur le système que vous utiliserez et votre attitude !

Le Professionnalisme

Ce qui différencie un amateur d'un professionnel dans cette activité, c'est que le professionnel est payé en fin de mois !

Devenir un professionnel dans notre activité est la seule et unique façon de réaliser son objectif.

Plusieurs distributeurs « non ou mal suivis » considèrent, à **TORT**, qu'il s'agit de quelques heures par semaine comme un passe---temps ou mieux encore comme un hobby. Or, en réalité, quelques heures par semaine suffisent pour atteindre petit à petit, un revenu résiduel de plus en plus conséquent et accessible à tous.

Il suffit pour cela de :

- Croire en soi et avoir un OBJECTIF bien défini ;
- Travailler régulièrement en utilisant la METHODE ;
- Se former continuellement *(Se Former pour Former à Former)* ;
- Avoir un esprit d'équipe.

Le développement durable de votre organisation en Marketing de Réseau nécessite que vous soyez **un PARRAIN Professionnel** tout en restant **SIMPLE** afin de réussir une **DUPLICATION positive** au sein de votre équipe.

Le Développement Personnel

Ce qu'on entend par Développement Personnel, c'est valoriser ses talents et potentiels, travailler à une meilleure qualité de vie, et à la réalisation de ses aspirations et de ses rêves.

Pour prendre le contrôle de votre avenir financier, votre croissance personnelle est indispensable.

Nourrissez votre esprit par la lecture d'ouvrages sur le Développement Personnel et sur le Marketing de Réseau. Des vidéos de spécialistes en coaching et Développement Personnel sont accessibles via Internet. Prendre l'habitude d'une façon régulière, de lire, écouter un CD ou visionner une vidéo de quelque chose de positif contribue à votre croissance personnelle.

« Les lecteurs sont des leaders et les leaders sont des lecteurs »
Jan Ruhe & Jayne Leach

Les 10 points communs qui existent chez tous les distributeurs en Marketing de Réseau qui ont réussi :

Le métier de Professionnel en Marketing de Réseau est un métier ouvert à tous, on ne vous demande pas si vous êtes universitaire ou non, si vous avez fait une école de commerce ou pas, si vous êtes homme ou femme, si vous êtes jeune ou vieux, si vous êtes noir ou jaune.

Une très grande variété de personnes a réussi à bâtir une organisation à l'échelon international en Marketing de Réseau. D'anciens garçons de café, d'anciennes secrétaires, d'anciens chefs d'entreprises, d'anciens charpentiers, d'anciens médecins,… ont rencontré le succès qu'ils visaient en travaillant en Marketing de Réseau.

Toutefois, si chacun peut tenter sa chance, tous ne réussissent pas. Abandonner est tellement aisé, d'autant plus que l'enjeu financier est limité.

Voici donc, en résumé, les 10 points communs chez tous les distributeurs qui ont réussi :

1. Ouverture et indépendance d'esprit ;
2. Un caractère positif et optimiste ;
3. La volonté de prendre ses responsabilités et sa vie en main ;
4. Des objectifs bien définis **(POURQUOI)** ;
5. Un projet de vie et une image de soi forte ;
6. Du professionnalisme ;
7. De la persistance ;
8. La capacité d'aider les autres ;;
9. Savoir être un précurseur et un pionnier
10. **De l'éthique**

"Duper quelqu'un au travail et huit (8) de vos collègues le sauront.
Duper quelqu'un de notre industrie et, en moins d'une semaine,
200000 personnes dans plus de 20 pays l'apprendront !"
Extraite de l'excellent livre « Votre première année en
Marketing de Réseau » de MARK YARNELL & RENE
REID YARNELL.

Azzedine TEBAA

Quatrième Partie

« La réussite est un état d'esprit, si vous voulez réussir, commencez par vous considérer comme une réussite »

Dr Joyce Brothers

WorldWide Success – Un groupe à votre écoute…

L'originalité du Concept « Marketing de Réseau », c'est le fait qu'il ne fixe pas de limite quant à l'importance des gains qu'il peut engendrer.

Au delà de cette affirmation sincère, le futur distributeur doit être bien éclairé sur les efforts sérieux et prolongés nécessaires à l'établissement d'une affaire prospère.

Laisser entendre que la fortune est à la portée de la main, rapidement et sans travail, s'apparente à des mensonges, voire de l'escroquerie.

Ce genre d'affirmation fallacieuse est souvent le fait de novices dans le métier, peu conscients des torts qu'ils causent à l'ensemble de l'industrie du Marketing de Réseau.

Bien que le choix de la bonne entreprise de Marketing de réseau doive être analysé et réfléchi, j'ai la ferme conviction que le choix du Parrain et de son Upline (le groupe auquel il appartient) demeure un point essentiel de la réussite d'un nouveau distributeur.

C'est pourquoi, intégrer un groupe comme le nôtre --- **WorldWide Success** --- est un facteur de réussite.

En effet, notre groupe et les Leaders qui le composent, avons mis en place une véritable stratégie de « Formation », qui permet aux distributeurs de réussir plus facilement en leur procurant toute la formation nécessaire, ainsi que les outils Marketing qui contribuent à la réalisation de leurs objectifs. Notre devise, c'est un soutien permanent à tous les niveaux.

Nos formations couvrent aussi bien les techniques et les règles de base du Marketing de Réseau que le coaching---leadership et le Développement Personnel, notamment pour les distributeurs qui veulent aller très loin et atteindre leurs objectifs les plus ambitieux.

Ce que nous apportons à nos distributeurs, c'est un programme de formation de qualité, complet et progressif selon le rythme de chacun :

Le savoir---être (Leadership) et

le savoir---faire (Techniques du Marketing de Réseau)

En outre, conscients et convaincus du rôle majeur des nouvelles technologies et leur importance pour un développement efficace, nous avons mis en place des outils pour soutenir et aider tous les nouveaux distributeurs.

Tels que :

- Des webconférences régulières de présentation de l'opportunité ;
- Des webconférences régulières de formation, avec des thèmes diversifiés et des intervenants professionnels ;
- La mise à disposition d'un site Internet personnalisé pour chaque nouveau distributeur pour se faire connaître ;
- Une méthode efficace basée sur un coaching personnalisé et à distance en utilisant un outil de communication comme Skype
- …

Notre ambition au sein de **WorldWide Success** est de guider et soutenir les personnes qui nous rejoignent à réaliser leur « Pourquoi ».

C'est une des grandes différences qui existent entre le Marketing de Réseau et quasiment tous les autres métiers. Dans les métiers traditionnels, notre travail est de réaliser ce que notre employeur souhaite que nous réalisions, *(le patron décide de nos horaires de travail, de nos objectifs et de nos gains)*.

Dans le Marketing de Réseau, **les distributeurs prennent ces décisions seuls. Ils décident de leur emploi du temps, de leurs objectifs et aussi de leurs gains.**

Notre volonté est d'aider les personnes qui nous rejoignent à atteindre leurs objectifs, même si leurs objectifs sont moins ambitieux que ceux que nous voudrions les voir atteindre.

Conclusion

Le document que vous venez de découvrir est la synthèse de mon expérience sur le terrain, acquise auprès de grands leaders internationaux de cette industrie. Il est également le résultat de nombreuses lectures, formations et découvertes que j'ai faites.

Le fait de m'investir dans l'écriture de cet ebook a renforcé ma motivation et m'a éclairé sur plusieurs idées à mettre en œuvre pour le développement du Groupe **WorldWide Success** en Europe et à l'International.

La finalité de cet ebook est qu'il puisse être un outil pédagogique et en toute modestie, qu'il puisse contribuer à donner à notre profession l'image qu'elle mérite.

Le choix vous appartient. Néanmoins, ne devriez---vous pas faire preuve d'ouverture d'esprit et envisager sérieusement de participer à ce phénomène mondial qu'est le Marketing de Réseau ?

Nous vivons une période de progrès technologiques exceptionnels et malgré la crise économique, l'indépendance financière n'a jamais été aussi accessible qu'aujourd'hui, pour celles et ceux qui veulent prendre leur vie en main. C'est simplement une question de philosophie personnelle.

Si vous voulez en savoir plus, n'hésitez pas à contacter **Mélaine BOUTOULI**, par email msn.bou@gmail.com ou par tél (+33 6 21 22 66 61). Il vous donnera tous les renseignements souhaités, ainsi que l'occasion d'examiner comment vous pourriez assurer votre avenir financier.

Avant de vous laisser, j'aimerais que vous réfléchissiez à ces quatre questions que Jim Rohn posait à ses prospects lorsqu'il faisait lui---même du Marketing de Réseau.

Pourquoi ?

Pourquoi pas ?

Pourquoi pas vous ?

Pourquoi pas maintenant ?

« *Quand vient le temps de réaliser des choses, l'hérédité, la chance et les circonstances sont des facteurs bien moins importants que notre propre vision de ce que nous nous croyons capables d'accomplir.* »

Bill Quain

Bibliographie

Jim Rohn – Stratégies de Prospérité

Robert Kiyosaki – L'école des affaires

John Kalench – Actualisez votre potentiel en Marketing de Réseau

Jan Ruhe & Jayne Leach – Destination Diamant

David Barber – Fondateur de l'AMR (Académie du Marketing de Réseau) – Auteur de la série des premiers pas de l'AMR

Bill Quain --- Place aux ClientRepreneurs !

Tom Schreiter – Big Al dévoile les secrets du parrainage **Don Failla** – Comment créer un grand réseau de distribution **Anthony Robbins** – Pouvoir illimité

Mark Yarnell & Rene Reid Yarnell – Votre première année en Marketing de Réseau

Faith Popcorn – Les 10 Tendances selon Faith Popcorn

Dale Carnegie – Comment se faire des amis ?

Ce livre vous a été proposé avec l'autorisation de l'auteur par :

Mélaine BOUTOULI
msn.bou@gmail.com
+33 6 21 22 66 61
http://mel.soutien.fr/

« Tout ce que l'esprit humain peut croire ou concevoir, l'esprit humain peut l'accomplir et le réaliser »
Napoleon HILL

Napoleon Hill, 1983---1970, auteur américain sur le Développement Personnel. (Son œuvre la plus célèbre est *Pensez et devenez riche*, connu aussi sous le titre *Réfléchissez et devenez riche*). Dans ses livres, le Dr Hill traite du pouvoir des croyances personnelles et du rôle qu'elles jouent dans notre succès personnel